hRjce

Culebras rayadas

Julie Murray

Abdo
ANIMALES COMUNES
Kids

abdopublishing.com

Published by Abdo Kids, a division of ABDO, PO Box 398166, Minneapolis, Minnesota 55439.
Copyright © 2017 by Abdo Consulting Group, Inc. International copyrights reserved in all countries.
No part of this book may be reproduced in any form without written permission from the publisher.

Printed in the United States of America, North Mankato, Minnesota.

102016

012017

 THIS BOOK CONTAINS
RECYCLED MATERIALS

Spanish Translator: Maria Puchol

Photo Credits: iStock, Shutterstock

Production Contributors: Teddy Borth, Jennie Forsberg, Grace Hansen

Design Contributors: Candice Keimig, Dorothy Toth

Publisher's Cataloging-in-Publication Data

Names: Murray, Julie, author.

Title: Culebras rayadas / by Julie Murray.

Other titles: Garter snakes. Spanish

Description: Minneapolis, MN : Abdo Kids, 2017. | Series: Animales comunes |
     Includes bibliographical references and index.

Identifiers: LCCN 2016947304 | ISBN 9781624026027 (lib. bdg.) |
     ISBN 9781624028267 (ebook)

Subjects: LCSH: Garter snakes--Juvenile literature. | Spanish language materials--
     Juvenile literature.

Classification: DDC 597.96--dc23

LC record available at http://lccn.loc.gov/2016947304

Contenido

Culebras rayadas

Las culebras rayadas son reptiles. Tienen escamas.

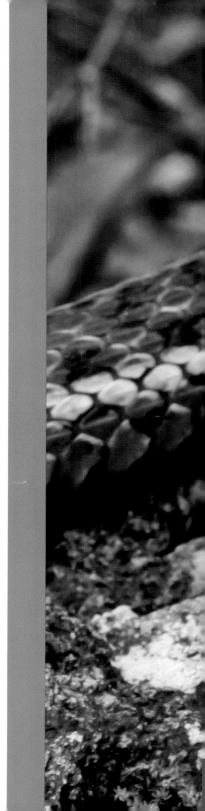

Características de las culebras rayadas

cola

lengua

escamas

ojos

Glosario

escamas
placas planas y delgadas que cubren a algunos animales.

reptiles
animales de sangre fría que a menudo tienen escamas.

Índice

abdokids.com

¡Usa este código para entrar en abdokids.com y tener acceso a juegos, arte, videos y mucho más!

Código Abdo Kids:
EGK1156

¿Has visto alguna vez una culebra rayada?

Usan la lengua para oler. Les ayuda a encontrar comida.

Se mueven de lado a lado

formando la letra S.

Comen ranas y pájaros.
También comen ratones
y hormigas.

13

Las culebras rayadas mudan la piel. Les crece una piel nueva.

Muchas son de color café o verde oscuro. Algunas son negras. La mayoría tiene rayas.

Las culebras rayadas son largas y delgadas.

Algunas viven en huecos en el suelo. Algunas viven debajo de rocas. Otras viven debajo de troncos.